Sebastian Rick, Jörg Wiesner

Probabilistische Algorithmen

GRIN Verlag

Bibliografische Information der Deutschen Nationalbibliothek:

Die Deutsche Bibliothek verzeichnet diese Publikation in der Deutschen National-
bibliografie; detaillierte bibliografische Daten sind im Internet über http://dnb.d-
nb.de/ abrufbar.

Impressum:

Copyright © 2007 GRIN Verlag GmbH
Druck und Bindung: Books on Demand GmbH, Norderstedt Germany
ISBN: 978-3-640-25922-9

Dieses Buch bei GRIN:

http://www.grin.com/de/e-book/118495/probabilistische-algorithmen

GRIN - Your knowledge has value

Der GRIN Verlag publiziert seit 1998 wissenschaftliche Arbeiten von Studenten, Hochschullehrern und anderen Akademikern als eBook und gedrucktes Buch. Die Verlagswebsite www.grin.com ist die ideale Plattform zur Veröffentlichung von Hausarbeiten, Abschlussarbeiten, wissenschaftlichen Aufsätzen, Dissertationen und Fachbüchern.

Besuchen Sie uns im Internet:

http://www.grin.com/

http://www.facebook.com/grincom

http://www.twitter.com/grin_com

SEBASTIAN RICK

Görlitz, den 17. Februar 2008

JÖRG WIESNER

Görlitz, den 17. Februar 2008

Algorithmen und Komplexität

Beleg:

Probabilistische Algorithmen

Inhaltsverzeichnis

1 Einführung

Es ist mehrfach festgestellt worden, dass schnellere Rechner nur einen geringen Einfluss auf die Aufwandsordnung haben, d.h. sie leisten nur einen begrenzten Beitrag zur schnelleren/effizienteren Verarbeitung eines Verfahrens. Die einzige Lösung besteht in dem Suchen und Finden immer besserer und schnellerer Algorithmen zur Lösung konkreter Probleme.

Eine Kategorie von immer besseren Berechnungsverfahren sind die *Probabilistischen Algorithmen*. Diese Algorithmen verwenden Zufallsbits um ihren Ablauf zu steuern, was soviel bedeutet dass sie im Laufe der Berechnung, also während der Laufzeit des Algorithmuses, Zufallszahlen benutzen.

Diese Algorithmen haben mehrere Vorteile gegenüber ihren deterministischen Vettern. Sie sind in den meisten Fällen

- schneller (bezüglich der Laufzeit)
- benötigen weniger Speicher
- sind einfacher zu verstehen und damit...
- ...einfacher zu implementieren

als die schnellsten deterministischen Algorithmen für das selbe Problem.

Der Nachteil probabilistischer Algorithmen ist, dass sie zufällig auch *worst-case*-Entscheidungen treffen können. Ebenfalls nachteilig ist die Tatsache, dass diese Algorithmen falsche Aussagen produzieren (Monte Carlo-Algorithmen) können oder erst gar nicht terminieren, weil eine ungünstige Zufallszahlenauswahl so getroffen wurde, dass die Berechnung in eine Sackgasse führt (Las Vegas-Algorithmus).

Der Zufall spielt eine bedeutende Rolle in fast allen Bereichen der Informatik. Wichtige Gebiete, wie z.B. die algorithmische Zahlentheorie und die Kryptographie sind in ihrer heutigen Form ohne probabilistische Algorithmen gar nicht denkbar.

Auch für Simulationen, Stichproben und Tests werden probabilistische Algorithmen bevorzugt verwendet. Es gibt beispielsweise mehrere Primzahltests, deren Verfahren probabilistisch sind.

2 (Pseudo-)Zufallszahlen und Zufallszahlengeneratoren

Wie schon erwähnt nutzen probabilistische Algorithmen während der Laufzeit Zufallszahlen für die Lösung verschiedener Probleme. Diese müssen jedoch erst einmal bereitgestellt werden, wofür es sogenannte Zufallszahlengeneratoren gibt.

Alle höheren Programmiersprachen besitzen Sprachelemente zur Erzeugung von Zufallszahlen, also Zufallszahlengeneratoren.In *Scheme* gibt es dazu das Sprachelement **random**, welches eine natürliche Zahl n als Eingabe erwartetund nach der Terminierung eine (vermeintlich) zufällig gewählte Zahl zwischen 0 und (n-1) ausgibt.Eine Prozedur **zuf**

```
(define zuf
  (lambda (a b)
    (+ a (random(+ (- b a) 1)))))
```

liefert eine Zufallszahl zwischen a und b.

Natürlich steckt hinter Algorithmen wie random eine deterministische Verfahrensweise, weshalb von solchen Zufallszahlengeneratoren erzeugte „Zufallszahlen" als *Pseudozufallszahlen* bezeichnet werden, weil sie nun einmal nicht zufällig, sondern nach einem **ganz bestimmten Schema**, also Algorithmus, erzeugt werden.

Der bekannteste Algorithmus zur Erzeugung von (Pseudo-)Zufallszahlen ist die *Kongruenzmethode*, welche 1948 von dem Mathematiker LEHMER enwickelt wurde. Sie erzeugt eine sich wiederholende Folge von (vermeintlichen) Zufallszahlen. Ausgehend von einer Startzahl, dem *Seed*, (auf dt. Samen, Keim) wird die rekursive Vorschrift

$z_n = (a * z_{n-1} + b) \bmod c$

für geeignete a, b, und c befolgt. Für a=28, b=17, c=6 und dem Seed(z_0)=3 entsteht die Folge (5,1,3), welche sich nach jedem Durchlauf wiederholt.

Diese Zahlen haben natürlich nur Beispielcharakter. Erstens sind die gewählten Zahlen und damit die erzeugte Folge viel zu klein, zweitens wird die Folge immer mit dem gleichen Seed aufgerufen, wodurch zwangsläufig immer die selbe Folge entsteht.

Will man einen wirklich guten Zufallszahlengenerator mit Hilfe der Kongruenzmethode erzeugen, so muss das Seed bei jedem Aufruf der Prozedur/Methode neu gewählt werden, wodurch immer, d.h. bei jedem erneuten Aufruf, eine neue Folge entsteht. Eine Möglichkeit des Erstellen immer anderer Seed-Werte ist das Abfragen der Zeit, welche in Java in Millisekunden zurückgegeben wird.

```java
public static void kon() {

    Date d = new java.util.Date();  //Erstellen eines Objektes vom Typ Date
long seed = d.getTime();           //aktuelle Systemzeit wird dem Seed zugewiesen

long a = 34543;                    //Beispielwerte
long b = 56789;
long c = 556;


for(int i=0; i<=10;i++) {          //Darstellen der ersten 10 Werte einer
                                   //(Pseudo-)Zufallszahlenfolge

    long zn = (a * seed + b) % c ; //Verwenden der Kongruenzmethode als
 seed = zn;                        //(Pseudo-)Zufallszahlengenerator

 System.out.println(zn);
}
}
```

In Scheme verwendet man das Sprachelement **real-time**, um immer neue Seed-Werte generieren zu können.

```scheme
(define seed1 0)      ;Erzeugen des Seed

(define randomize     ;Systemzeit wird Seed zugewiesen.
  (lambda ()
    (set! seed1 (real-time))))

(define zn2           ;Kongruenzmethode in Scheme
  (lambda (a b c )
    (let ((seed2 (modulo (+ (* a seed1) b) c)))
      (set! seed1 seed2)
      seed2)))
```

3 Numerische Probabilistische Algorithmen

Numerische Probabilistische Algorithmen liefern für ein Problem eine Nährungslösung. Allgemein gesehen kann man sich diese Art von Algorithmen als nichtdeterministische Simulation vorstellen, d.h. es ist nicht gegeben, dass bei wiederholter Ausführung auch exakt die gleichen Resultate geliefert werden. Vorteil dieser Algorithmen ist die wähl- und veränderbare Genauigkeit.

Ein bekanntes Beispiel für diese Algorithmen ist der sogenannte „Zufallsregen". Man stelle sich ein Quadrat vor, in dem sich ein Kreis befindet. Dieser Kreis passt exakt in das Quadrat, d.h. er liegt an den Kanten des Quadrates an. Wir gehen bei unserem Beispiel von dem Einheitskreis aus, d.h. einem Kreis mit dem Radius von 1.

Es ist zweckmäßig, folgende Beobachtung nur auf den Viertelkreis im ersten Quadranten zu beschränken.

Nun wirft man zufällig viele Regentropfen oder etwas andereres, z.B. faulige Tomaten, auf den Auschnitt. Anschließend zählt man die Anzahl der geworfenen Objekte, die innerhalb des Viertelkreises liegen $T_{Quadrat}$, sowie die Anzahl derjenigen Objekte, die innerhalb des Teilquadrates **und** innerhalb des Viertelkreises liegen T_{Kreis}.

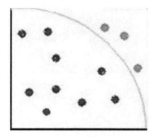

Man beachte nun folgende Formeln:

$A_{Kreis} = \frac{\pi * r^2}{4}$ sowie $A_{Quadrat} = r^2$.

Es gilt also:

$\frac{A_{Kreis}}{A_{Quadrat}} = \frac{\pi * r^2}{4 * r^2}$

Man könnte nun folgende Vermutung aufstellen:

$\frac{A_{Kreis}}{A_{Quadrat}} \approx \frac{T_{Kreis}}{T_{Quadrat}}$

Letztlich kommt man zu folgender Nährung für π, wenn man sich oben benannte Gleichungen vor Augen nimmt:

$$\pi \approx 4 * \frac{T_{Kreis}}{T_{Quadrat}}$$

Doch wie zählt man, insbesondere bei einer großen Anzahl von „Objekteinschlägen", die Treffer innerhalb des Kreises. Dies ist ganz einfach. Bei einem Einheitskreis ist der Radius r = 1. Nun denkt man sich die Kanten des Viertelquadrates, die den Kreismittelpunkt schneiden, als x- und y-Achse. Für jeden Treffer (der ja einen x- und y- Wert hat) kann man den Betrag in Form der Länge des Vektors ausrechnen. Für alle Vektoren **innerhalb** des Kreises gilt $x^2 + y^2 <= 1$, also kleiner oder genau so groß wie der Radius, da die Punkte, welche auf der Kreislinie liegen, noch als T_{Kreis}, also als Kreistreffer gezählt werden (->**Satz des Pythagoras**).

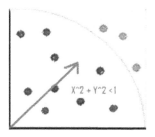

Dieses Problem lässt sich recht einfach in Java konstruieren.

```
public static void pi() {


int n = 1000000; // Anzahl der "'Würfe"'
int t = 0;       // Initialisierung der Treffervariable

for(int i=0; i<n; i++) {

        double x = Math.random();   //Zufallszahlen für x u. y
        double y = Math.random();

        if (x*x + y*y <= 1) {t++;}  //Zählen der Treffer
    }

double pi = new Double (4)*t/n;   //Nährungswert für pi
System.out.println(pi);
}
```

4 Las Vegas-Algorithmen

Las Vegas-Algorithmen sind Algorithmen, die entweder richtige oder gar keine Ergebnisse liefern, d.h. sie kommen in eine Sackgasse oder Endlosschleife und laufen immer weiter, wenn man keine Maximalanzahl für die Versuche festlegt. In einem solchen Fall kann man natürlich den Algorithmus ein weiteres Mal(also mit neuen Zufallszahlen) starten, so dass man bei erneutem Aufrufen des Algorithmus doch noch auf ein Resultat hoffen kann. Dabei steigt die Erfolgswahrscheinlichkeit mit jedem neuen Versuch.

Ein Beispiel für den Einsatz von Las Vegas-Algorithmen ist das *n-Damen-Problem*. Man stelle sich ein n*n-Schachbrett vor (z.B. n=8, wie im richtigen Schach). Das Problem lautet folgendermaßen: Platziere n Damen **so**, dass sie sich nicht gegenseitig schlagen können. Das Schwierige ist die Tatsache, dass Damen laut Regelwerk bei einem einzigen Zug jede Richtung einschlagen und eine unbegrenzte Entfernung zurücklegen können. Die deterministische Lösungsvariante *backtracking* dauert viel länger und benötigt bedeutend mehr Speicher, weil ein riesiger Baum ausgewertet werden muss. Zudem ist sie sehr aufwendig zu implementieren.

Ein Las Vegas-Algorithmus für dieses Problem könnte so beschrieben werden:

```
for i = 1 to n:

Wähle in Zeile i unter allen noch freien Feldern einen zufällig aus

Sind alle Damen platziert, dann Erfolg, ansonsten Misserfolg.
```

Gehen wir davon aus, es gäbe eine Prozedur *LV(x)*, als einen Las Vegas-Algorithmus mit x als Eingabe. (y, Erfolg) ist die Ausgabe der Prozedur in Form eines Scheme-Paares, wobei Erfolg true oder false ist, d.h. ein Ergebnis gefunden wurde (true) oder die Berechnung in eine Sackgasse geraten ist (false) und deshalb nach einer (zuvor vereinbarten) Anzahl von Versuchen abbricht und anschließend false zurückgibt. y ist das Ergebnis wenn die Berechnung abgeschlossen, also Erfolg = true ist.

Um eine vernünftige Aufwandsanalyse zu machen, benötigen wir eine Prozedur, nennen wir sie mal *LV()-loop*, die dafür sorgt, dass LV(x) so lange arbeitet bis es erfolgreich terminiert, also einen „harnäckigen Algorithmus".

```
(define LV-loop
lambda (x)
(let* ((resultat (LV x))
      (y (car resultat))
      (Erfolg (cdr resultat)))
(if Erfolg
y
(LV-loop x)))))
```

Wir wollen nun die Rechenzeit für (LV-loop x) ermitteln. Es ist günstig, dabei folgende Variablen zu verwenden:

t(x) als die Zeit, die der Algorithmus benötigt, um eine Lösung zu finden, **p(x)** als die Erfolgswahrscheinlichkeit für die Lösung von x, **success(x)** als die erwartete Ausführungszeit bei x für Erefolg, **failure(x)** als die erwartete Ausfürungszeit des Algorithmuses für Misserfolg, d.h. die Zeit, die der Algorithmus benötigt, bis er feststellt, dass er in eine Sackgasse geraten ist.

Mit folgender Formel lässt sich nun die Rechenzeit für den Algorithmus berechnen:

$t(x) = success(x) + (\frac{1}{p(x)} - 1) + failure(x)$

Man könnte aus diesem Ausdruck heraus schließen, dass der Wert, der zu success(x) addiert werden muss, umso kleiner wird, je größer p(x) ist, sich also t(x) verringert. Folgendes Beispiel verdeutlicht dies:

success(x) = 7 failure(x) = 8

für p(x) = 0.25 gilt:

$t(x) = 7 + (frac10.25 - 1) * 8 = 7 + 24 = 31$

für p(x) = 0,4 gilt:

$t(x) = 7 + (frac10.4 - 1) * 8 = 7 + 12 = 19$

Dies ist jedoch ein Irrtum, denn mit steigender Erfolgswahrscheinlichkeit **steigt** auch der Wert von failure(x), es ist also ratsam einen akzeptabelen Kompromiß zwischen p(x) und failure(x) zu suchen, um t(x) zu minimieren.

Eine Teilgruppe der Las Vegas-Algorithmen sind die sogenannten *Sherwood-Algorithmen*. Anders als der Las Vegas-Algorithmen produzieren Sherwood-Algorithmen immer korrekte Lösungen, es gibt also keine Berechnungsschritte, die in Sackgassen führen. Sherwood-Algorithmen werden aus deterministischen Algorithmus gewonnen, d.h. sie machen aus einem deterministischen Verfahren einen probabilistischen Algorithmus. Sie dienen vor allem dazu, ursprünglich deterministische Verfahren, deren Aufwands-Amplitude sehr groß ist, d.h. die Aufwandsdifferenz zwischen dem best- dem average- und dem worst-case förmlich „ins Auge sticht", so umzuändern, dass genau diese Spanne abgefedert wird, d.h. der Algorithmus sich im Mittel genau so verhält wie sein deterministisches Pendant im selben, also im average-case, und zuzüglich die besonders guten (best-case) sowie besonders schlechten (worst-case) Eingaben so behandelt, dass sich der mittlere Aufwand ergibt. Freilich sind der worst-case und der best-case nicht völlig ausgeschlossen, aber aufgrund des Faktors „Zufall" recht unwahrscheinlich. Das Negieren der Aufwandsdifferenz wird auch als „Robin Hood-Effekt" bezeichnet, denn „man nimmt von den Reichen" was soviel bedeutet diejenige Eingaben mit großem Aufwand, und „gibt es den Armen", d.h. denjenigen Eingabe mit kleinem Aufwand, so das es nun keine Aufwandsdifferenz für alle Eingaben mehr gibt. Deshalb wird dieser Algorithmus auch als Sherwood-Algorithmus bezeichnet, da Robin Hood sein Unwesen im „Sherwood forest" trieb.

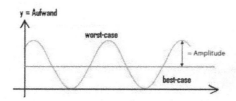

Ein Beispiel für das Verwenden von Sherwood-Algorithmuen ist das Umschreiben von Quicksort von einem deterministischen zu einem probabilistischen Algorithmus. Der gewünschte Effekt lässt sich dadurch erreichen, dass das Pivotelement in jedem Schritt probabilistisch ausgewählt wird.

5 Monte-Carlo-Algorithmen

Ähnlich wie **Las-Vegas-Algorithmen** sind auch **Monte-Carlo-Algorithmen** randomisierte Verfahren zum Lösen von mathematischen Problemen. Der Unterschied besteht lediglich darin, dass ein Monte-Carlo-Algorithmus auch falsche Ergebnisse liefern kann. Da sie werden hauptsächlich zur Entscheidungsfindung (richtig oder falsch) verwendet, unterscheidet man dabei zwischen ein-[1] und zweiseitigen[2] Fehlern. Ein weiterer Unterschied zu Las-Vegas-Algorithmen besteht darin, das ein Monte-Carlo-Algorithmus IMMER terminiert.

5.1 Äquivalenz zweier Multimengen

Als Veranschaulichungsbeispiel für die Funktionsweise von Monte-Carlo-Algorithmen versuchen wir nun zwei Multimengen auf Äquivalenz zu prüfen.

5.1.1 Analyse des Problems

Multimengen stellen eine Verallgemeinerung von Mengen dar. Sie unterscheiden sich von diesen lediglich dadurch, dass einzelne Elemente auch mehrfach vorkommen dürfen.

Zwei Multimengen sind äquivalent, wenn

1. die Kardinalität beider Multimengen gleich ist

2. alle Elemente der einen Multimenge in exakt gleicher Anzahl auch in der anderen enthalten sind.

Beispiel: $\{2, 5, 5, 3, 2, 2\} \equiv \{5, 5, 2, 3, 2, 2\} \not\equiv \{5, 2, 3, 5, 2, 5\}$

Die beiden Multimengen

$M_1 = \{2, 5, 5, 3, 2, 2\}$
$M_2 = \{5, 2, 3, 5, 2, 5\}$

sollen auf Äquivalenz geprüft werden. Wie könnte man dies bewerkstelligen? Ein deterministischer Algorithmus könnte die beiden Multimengen sortieren und sie dann elementweise vergleichen. Dies kostet im Mittel $\mathcal{O}(n \log n)$. Man könnte die Multimengen aber auch als Funktionen darstellen. Als Darstellung eines Polynoms spielt die Reihenfolge der einzelnen Elemente keine Rolle.

---

[1]Eine der beiden Lösungen ist IMMER korrekt, während die andere nur wahrscheinlich korrekt ist.

[2]Beide möglichen Lösungen sind wahrscheinlich korrekt. Der Algorithmus kann also **false** zurück geben, obwohl **true** richtig wäre bzw. **true** zurück geben, obwohl **false** die richtige Antwort gewesen wäre.

Das Polynom einer Multimenge $M = \{y_1, y_2 \cdots y_n\}$ hätte dann folgende
Gestalt: $pM(x) = (x - y_1)(x - y_2) \cdots (x - y_n)$

Für unsere beiden Multimengen ergeben sich dann folgende Polynome:

$pM_1(x) = (x - 2)(x - 5)(x - 5)(x - 3)(x - 2)(x - 2)$
$pM_2(x) = (x - 5)(x - 2)(x - 3)(x - 5)(x - 2)(x - 5)$

Die Nullstellen der beiden Funktionen sind dabei die einzelnen Elemente der Multimengen.

Nun kann man für x einen Wert aus einer Menge S von Werten mit $|S| >> n-1$ einsetzen und die
Ergebnisse beider Funktionen vergleichen. Für unser Beispiel wählen wir $S = \{1, 2, 3, 4\}$. Wählt
man nun zufällig ein x, wo für beide Funktionen unterschiedliche Werte heraus kommen, sind
die beiden Multimengen nicht äquivalent. Die umgekehrte Behauptung, dass beide Multimengen
äquivalent sind, wenn für ein zufälliges x gleiche Werte heraus kommen, ist allerdings nicht
richtig.

Man kann also sagen, dass das Differenzpolynom gleich Null sein muss.

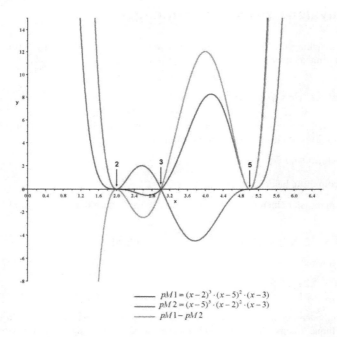

$pM1 = (x-2)^3 \cdot (x-5)^2 \cdot (x-3)$
$pM2 = (x-5)^3 \cdot (x-2)^2 \cdot (x-3)$
$pM1 - pM2$

Abbildung 5.1: Verlauf der Multimengenfunktionen

Die Abbildung zeigt den Verlauf der einzelnen Funktionen mit deren Nullstellen.

Bei unserem S würden also die 2 und die 3 zu einem Positiven Ergebnis führen, obwohl $M_1 \not\equiv M_2$. Es stellt sich also die Frage, warum wir für S nicht einfach eine sehr große Auswahl von Testwerten festlegen? Um dies zu veranschaulichen, führen wir ein kleines Würfelexperiment durch.

Wenn wir gern keine 1 würfeln würden, was wäre die bessere Wahl? Die Seiten des Würfels mit nur einem Würfelversuch oder die Anzahl der Versuche mit einem zweiseitigen Würfel zu erhöhen, wobei mindestens ein Versuch keine 1 zeigen soll.

Augen / Versuche	Wahrscheinl. Augenzahl	Wahrscheinl. Versuche
1	0	$\frac{1}{2}$
2	$\frac{1}{2}$	$\frac{3}{4}$
3	$\frac{2}{3}$	$\frac{7}{8}$
4	$\frac{3}{4}$	$\frac{15}{16}$
5	$\frac{4}{5}$	$\frac{31}{32}$
6	$\frac{5}{6}$	$\frac{63}{64}$

Es ist nun leicht ersichtlich, das die Vergrößerung von $|S|$ lediglich zu einer linearen Erhöhung der Wahrscheinlichkeit führt, während sich die Anzahl der Versuche exponentiell auf auswirkt.

5.1.2 Implementierung

Um eine beliebige Multimenge zu erzeugen wäre eine Prozedur *random-multimenge* mit folgender Definition denkbar.

```
(define random-multimenge
  (lambda (n k)
    (if (= 0 k)
      '()
      (cons (+ 1 (random n))(random-multimenge k (- k 1))))))
```

Es lassen sich nun Multimengen einer wählbaren Kardinalität zufällig erzeugen.

```
(define M1 (random-multimenge 7 6))
(define M2 (reverse M1))
(define M3 (random-multimenge 7 6))
```

$M1, M2$ und $M3$ sind solche Multimengen, wobei $M1 \equiv M2$ ist. Hinsichtlich der Äquivalenz von $M3$ zu den anderen beiden lässt sich allerdings nichts sagen.

Wir erinnern uns an den ersten Schritt: Darstellung der Multimenge als Polynom. Diese Aufgabe könnte von einer Prozedur *make-polynom* mit folgender Definition erledigt werden.

```
(define make-polynom
  (lambda (menge)
    (if (null? menge)
      '(*)
      (append (make-polynom (cdr menge))
              (list (cons '- (cons 'x (cons (car menge) '()))))))))
```

Bei Anwendung auf M_1 erhalten wir folgendes Ergebnis:

```
> m1
(3 3 7 2 7 5)
> (make-polynom m1)
(* (- x 5) (- x 7) (- x 2) (- x 7) (- x 3) (- x 3))
```

Nun müssen wir herausfinden, welchen Wert dieses Polynom für ein beliebiges x annimmt. Dafür brauchen wir das Polynom nur noch für ein beliebiges x zu evaluieren.

```
(define x 0)

(define polynomwert
  (lambda (pM y)
    (set! x y)
    (eval pM)))
```

Angewandt auf das Polynom von *m1* für $x = 2$ und $x = 4$ erhalten wir folgende Ausgaben

```
> (polynomwert (make-polynom m1) 2)
0
> (polynomwert (make-polynom m1) 4)
-18
```

Eine Prozedur m-aequiv?, welche zwei Polynome mit einem zufälligen Wert für x auf Gleichheit prüft, könnte folgende Definition haben.

```
(define m-aequiv?
  (lambda (pM1 pM2 r)
    (let ((r (random r)))
      (= (polynomwert pM1 r)(polynomwert pM2 r)))))
```

Für die Wiederholungen des Tests sowie deren Auswertung währe eine Prozedur *m-aequiv*?* mit folgender Definition denkbar.

```
(define m-aequiv*?
  (lambda (M1 M2 r wdh)
    (let ((pM1 (make-polynom M1))(pM2 (make-polynom M2)))
      (letrec
        ([hilf
          (lambda (wdh)
            (cond
              [(= wdh 0) #t ]
              [(m-aequiv? pM1 pM2 r) (hilf (- wdh 1))]
              [else #f ]))])
        (hilf wdh)))))
```

5.2 Primzahltest nach Fermat

Eine Zahl z auf Primzahligkeit zu prüfen ist für große Zahlen sehr aufwendig, da man bei einem deterministischem Verfahren die Definition einer Primzahl vollständig beachten muss.

Definition einer Primzahl: Eine Primzahl p ist eine Zahl $\in \mathbb{N}$, welche lediglich durch sich selbst und 1 ohne Rest teilbar ist.

Man muss also sämmtliche Zahlen mit $1 <$ Teiler $< z$ auf Teilbarkeit durch z prüfen, um die Primeigenschaft einer Zahl mit Sicherheit festzustellen. Der hohen Aufwand ($\mathcal{O}(n)$), der hinter diesem Test steckt, lässt sich sofort erkennen. Durch einige zusätzliche Bedingungen lässt sich dieser allerdings noch verbessern:

1. Teste nur Zahlen n auf Teilbarkeit durch z mit $1 < n \leq \lceil \sqrt{z} \rceil$

2. Teste nur gerade Zahlen auf Primzahligkeit

3. wenn man eine Liste von Primzahlen mit $(2, 3, 5, \cdots, p, \cdots, n)$ braucht, nur die bereits gefundene Primzahlen mit $1 \leq \lceil \sqrt{p} \rceil$ auf Teilbarkeit durch p zu prüfen

Unter diesen Bedingungen lässt sich der Aufwand bereits zu $\mathcal{O}(\sqrt{n})$ vermindern.

Ein probabilistischer Algorithmus schafft dies allerdings in $\mathcal{O}(\log n)$

5.2.1 Analyse des Problems

In der diskreten Mathematik haben wir gelernt, was prime Restklassen modulo n sind. Zur Wiederholung sei gesagt, das es jene Zahlen m sind, welche relativ prim zu einer Zahl n mit $n \in \mathbb{Z}$, $1 \leq n < m$ sind. für die Zahl 12 währe es also die Menge $\{1, 5, 7, 11\}$, während die Menge $\{1, 2, 3, 4, 5, 6, 7, 8, 9, 10, 11, 12\}$ jene Zahlen enthält, welche relativ prim zu 13 sind. Es sind also genau die Zahlen m, welche teilerfremd zu n sind. Alle anderen Teilerfremden $> n$ modulo n sind wieder Elemente dieser Mengen.

Die **Eulersche φ-Funktion** definiert die Kardinalität einer solchen Menge.

Bsp.: $\varphi(12) = 4$ und $\varphi(13) = 12$

Für Primzahlen p gilt also folgendes: $\varphi(p) = (p - 1)$

$\cdot$	$[1]$	$[5]$	$[7]$	$[11]$
$[1]$	$[1]$	$[5]$	$[7]$	$[11]$
$[5]$	$[5]$	$[1]$	$[11]$	$[7]$
$[7]$	$[7]$	$[11]$	$[1]$	$[5]$
$[11]$	$[11]$	$[7]$	$[5]$	$[1]$

Tabelle 5.1: Verknüpfungstafel von $\mathbb{Z}_{12}^*$

Aus der Verknüpfungstafel für $\mathbb{Z}_{12}^*$ lässt sich nun folgendes ablesen:

1. Das Produkt der primen Restklassen modulo n ist immer [1] oder [−1]. **Bsp.:** [1] · [5] · [7] · [11] = [1]

2. Eine beliebige Zahl a mit $a \perp n$ multipliziert mit jeder primen Restklasse von n ergibt die Zeile der entsprechenden Restklasse und ist somit äquivalent 1 mod n
   Bsp.: $29 \equiv 5$ mod 12 → [5] · [1] · [5] · [5] · [5] · [7] · [5] · [11] = [5] · [1] · [11] · [7] = [1]

Zusammenfassend aus diesen Beobachtungen kann man sagen, das für jede beliebige Zahl $n \geq 2$ und a mit $a \perp n$ folgendes gilt:

Satz von Euler: $a^{\varphi(n)} \equiv 1$ mod n

Davon ausgehend, das $n \in \mathcal{P}^3$, lässt sich dieser Satz zum **kleinen Satz von Fermat** verallgemeinern, welcher die Grundlage für einen probabilistischen Algorithmus zur wahrscheinlichen Primzahlbestimmung nach Fermat bildet.

kleiner Satz von Fermat: $a^{n-1} \equiv 1$ mod n

Handelt es sich bei n also um eine Primzahl, so ist der Satz von Fermat für alle möglichen $a \in \mathbb{Z}$ gültig. Findet man allerdings ein a so das gilt: $a^{n-1} \not\equiv 1$ mod n, so kann man mit 100%*iger* Sicherheit sagen, das es sich bei n NICHT um eine Primzahl handelt. Die umgekehrte Behauptung, das $n \in \mathcal{P}$, wenn für ein beliebiges $a \in \mathbb{Z}$ der Satz von Fermat gilt, ist jedoch nicht richtig, wie folgendes Beispiel zeigt.

Beispiel:

Bei der Zahl $n = 11 \cdot 31 = 341$ handelt es sich offensichtlich um eine zusammengesetzte Zahl, also nicht um eine Primzahl. Wendet man den Satz von Fermat auf diese Zahl für $a \in \{2,3,4,5,6,7,8,9,10\}$ an, so erhält man folgende Werte: $\{1,56,1,67,56,56,1,67,67\}$. Die Werte für $a \in \{2,4,8\}$ würden n also als Primzahl deklarieren, obwohl dem nicht so ist. Sie sind also *falsche Zeugen* für den Primzahlcharakter von n.

Um zu prüfen, ob es sich bei einer gegebenen Zahl mit hoher Wahrscheinlichkeit um eine Primzahl handelt, sollte man den Test also für verschiedene Werte für a mit $1 < a < n, a \perp n$ wiederholen. Je größer dabei die Anzahl der Wiederholungen mit potentiell verschiedenen Werten für a ist, desto geringer ist auch die Wahrscheinlichkeit, das sich der Algorithmus irrt.

Es gibt allerdings auch Zahlen, bei welchen der Satz von Fermat für alle möglichen Werte für a gleich eins ist, welche aber dennoch keine echten Primzahlen sind. Beispiele solcher Zahlen sind 561, 1105 und 1729, welche Carmichael-Zahlen genannt werden. Diese Zahlen können mit dem Fermat-Test nicht überführt werden. Aber mit ein wenig Glück können diese dennoch ausgeschlossen.

Wir erinnern uns, das gelten muss: $a \perp n$

Da selbst Carmichael-Zahlen Teiler besitzen, könnte man auch auf ein a mit $a \not\perp n$ stoßen. Wählt man also zufällig ein a, wo diese Bedingung nicht gilt, kann ebenfalls ausgeschlossen werden, das es sich bei der zu testenden Zahl um eine Primzahl handelt.

---

[3]Menge der Primzahlen

5.2.2 Implementierung

Das Problem des Findens des ggT lässt sich am einfachsten mit dem Euklidischen Algorithmus lösen. Eine Prozedur *ggt* könnte folgende Definition haben.

```
(define ggt
  (lambda (m n)
    (letrec
      ([hilf
        (lambda (m n)
          (if (= (modulo m n) 0)
              n
              (hilf n (modulo m n))))])
      (hilf (max m n) (min m n)))))

> (ggt 1955 3995)
85
```

Als nächstes stellt sich die Frage, wie man das Problem der Potenzrechnung lösen kann. Wenn man $n = 31277$ mit $a = 1105$ auf Primzahligkeit prüfen möchte, würde sich schließlich die Frage ergeben, ob $1105^{31276} \equiv 1 \mod 31278$ ist. Aber eine solche Potenz übersteigt die Aufnahmefähigkeit der Datentypen in vielen Programmiersprachen. Dies ergibt nämlich eine Zahl mit 95185 Stellen. Bei diesem Problem hilft uns die Schnelle Exponentation, welche durch eine Prozedur *mod* definiert sein könnte.

```
(define mod
  (lambda (basis exponent divisor)
    (letrec
      ([hilf
        (lambda (basis exponent zwischen)
          (cond
            [(= exponent 0) (modulo zwischen divisor)]
            [(= (modulo exponent 2) 1)
             (hilf basis (- exponent 1) (modulo (* zwischen basis) divisor))]
            [else (hilf (modulo (* basis basis) divisor)
                        (/ exponent 2) zwischen)]))])
      (hilf basis exponent 1))))
> (mod 3 73 103)
37
```

Jetzt bleibt eigentlich nur noch die Implementierung des eigentlichen probabilistischen Tests. Eine Prozedur *Fermat-prim?* könnte folgende Definition haben.

```
(define fermat-prim?
  (lambda (p-zahl n)
    (letrec
      ([hilf
        (lambda (n)
          (let ((testzahl (+ (random (- p-zahl 1)) 1)))
            (cond
              [(= n 0) #t ]
              [(not (= (ggt p-zahl testzahl) 1)) #f ]
              [(not (= (mod testzahl (- p-zahl 1) p-zahl) 1)) #f ]
              [else (fermat-prim p-zahl (- n 1))])))])
      (cond
        [(= p-zahl 2) #t ]
        [(= (modulo p-zahl 2) 0) #f ]
        [else (hilf n)]))))
```

```
> (fermat-prim 97 3)
#t
```

Mithilfe dieser Prozedur lässt sich dann auch ganz einfach eine Liste von Primzahlen durch eine Prozedur *prob-prim-list* mit folgender Definition erstellen.

```
(define prob-prim-list
  (lambda (f start ende tests)
    (cond
      [(>= start ende) '()]
      [(< start 3) (cons 2 (prob-prim-list f 3 ende tests))]
      [(f start tests) (cons start (prob-prim-list f (+ start 2) ende tests))]
      [else (prob-prim-list f (+ 2 start) ende tests)])))
```

```
> (prob-prim-list fermat-prim 0 100 5)
(2 3 5 7 11 13 17 19 23 29 31 37 41 43 47 53 59 61 67 71 73
 79 83 89 97)
```

Da solche Pseudo-Primzahlen ja immer nur mit einer gewissen Wahrscheinlichkeit prim sind, ist vielleicht auch eine Prozedur *falsche-primzahlen* ganz interessant.

```
(define teiler
  (lambda (zahl n)
    (letrec
      ([hilf
        (lambda (n)
          (if (= (modulo zahl n) 0)
            n
            (hilf (- n 1))))])
      (if (and (> n zahl) (not (= zahl 0)))
        (hilf zahl)
        (hilf n)))))

(define primlist
  (lambda (start ende)
    (cond
      [(>= start ende) '()]
      [(<= start 2) (cons 2 (primlist 3 ende))]
      [(not (= (teiler start
        (inexact->exact
        (round (sqrt start)))) 1))
        (primlist (+ start 2) ende)]
      [else (cons start (primlist (+ start 2) ende))])))

(define falsche-primzahlen
  (lambda (f start ende tests)
    (letrec
      ([hilf
        (lambda (pls ppls)
          (cond
            [(null? ppls) '()]
            [(not (member (car ppls) pls)) (cons (car ppls)
              (hilf pls (cdr ppls)))]
            [else (hilf pls (cdr ppls))]))])
      (hilf (primlist start ende) (prob-prim-list f start ende tests)))))

> (falsche-primzahlen fermat-prim 0 100000 5)
(6601 8911 41041)
```

5.3 Primzahltest von Solovay und Strassen

Die Carmichael-Zahlen c, welche den Fermat-Test für jeden Wert von a mit $a \perp c$ bestehen, sind ein großes Problem bei diesem Test. Denn nur, wenn man zufällig ein a mit $a \not\perp c$ wählt, kann man diese Zahlen ausschließen. Der Solovay-Strassen-Test lässt sich aber nicht so leicht austricksen.

5.3.1 Analyse des Problems

Schauen wir uns einmal $\mathbb{Z}_{13}^*$ an.

·	[1]	[2]	[3]	[4]	[5]	[6]	[7]	[8]	[9]	[10]	[11]	[12]
[1]	**[1]**	[2]	[3]	[4]	[5]	[6]	[7]	[8]	[9]	[10]	[11]	[12]
[2]	[2]	**[4]**	[6]	[8]	[10]	[12]	[1]	[3]	[5]	[7]	[9]	[11]
[3]	[3]	[6]	**[9]**	[12]	[2]	[5]	[8]	[11]	[1]	[4]	[7]	[10]
[4]	[4]	[8]	[12]	**[3]**	[7]	[11]	[2]	[6]	[10]	[1]	[5]	[9]
[5]	[5]	[10]	[2]	[7]	**[12]**	[4]	[9]	[1]	[6]	[11]	[3]	[8]
[6]	[6]	[12]	[5]	[11]	[4]	**[10]**	[3]	[9]	[2]	[8]	[1]	[7]
[7]	[7]	[1]	[8]	[2]	[9]	[3]	**[10]**	[4]	[11]	[5]	[12]	[6]
[8]	[8]	[3]	[11]	[6]	[1]	[9]	[4]	**[12]**	[7]	[2]	[10]	[5]
[9]	[9]	[5]	[1]	[10]	[6]	[2]	[11]	[7]	**[3]**	[12]	[8]	[4]
[10]	[10]	[7]	[4]	[1]	[11]	[8]	[5]	[2]	[12]	**[9]**	[6]	[3]
[11]	[11]	[9]	[7]	[5]	[3]	[1]	[12]	[10]	[8]	[6]	**[4]**	[2]
[12]	[12]	[11]	[10]	[9]	[8]	[7]	[6]	[5]	[4]	[3]	[2]	**[1]**

Tabelle 5.2: Verknüpfungstafel von $\mathbb{Z}_{13}^*$

Es fällt auf, dass in der Diagonalen, wo stets die Quadrate der einzelnen Restklassen stehen, nur ganz bestimmte Zahlen auftauchen.

Diese Zahlen nennt man **quadratische Residuen** modulo m. Es sind genau die Zahlen, bei denen gilt: $a \equiv x^2 \mod m$.

Beispiel: $a = 10$ und $x = 6$

Jene Zahlen, welche nicht in der Diagonalen stehen, nennt man quadratische Nicht-Residuen. Es fällt auf, das es im Beispiel für $\mathbb{Z}_{13}^*$ genauso viele quadratische Residuen wie Nicht-Residuen gibt. Es ist in der Tat so, dass für $m \in \mathcal{P}$ und $m \geq 3$ in $\mathbb{Z}_m^*$ die Anzahl der quadratischen Residuen immer gleich der Anzahl der quadratischen Nicht-Residuen ist, also $\frac{m-1}{2}$.

Die quadratischen Residuen bilden dabei eine Untergruppe in $\mathbb{Z}_m^*$. Für unser Beispiel wäre es:

·	[1]	[3]	[4]	[9]	[10]	[12]
[1]	[1]	[3]	[4]	[9]	[10]	[12]
[3]	[3]	[9]	[12]	[1]	[4]	[10]
[4]	[4]	[12]	[3]	[10]	[1]	[9]
[9]	[9]	[1]	[10]	[3]	[12]	[4]
[10]	[10]	[4]	[1]	[12]	[9]	[3]
[12]	[12]	[10]	[9]	[4]	[3]	[1]

Tabelle 5.3: Untergruppe der quadratischen Residuen in $\mathbb{Z}_{13}^*$

Wählt man nun zufällig ein a, welches ein quadratisches Residuum in $\mathbb{Z}_m^*$ ist, dann muss gelten, das $a^{\frac{m-1}{2}} \equiv 1 \mod m$, da es wieder die multiplikative Verknüpfung der Elemente einer Zeile repräsentieren würde. Ist a ein quadratisches Nicht-Residuum, so ist $a^{\frac{m-1}{2}} \equiv -1 \mod m$.

Es gilt also **Eulers Kriterium:**

$$a^{\frac{m-1}{2}} \text{ für } m \geq 3, m \in \mathcal{P} \equiv \begin{cases} 1, & \text{wenn } a \text{ quadratisches Residuum modulo m} \\ -1, & \text{wenn } a \text{ quadratisches Nicht-Residuum modulo m} \end{cases}$$

Ein anderer Weg, um zu bestimmen, ob a ein quadratisches Residuum modulo m mit $m > 2, m \in \mathcal{P}$ ist, ist die Bestimmung des Jacobi-Symbols $\mathcal{J}\left(\frac{a}{m}\right)$

Wenn $m \notin \mathcal{P}$ dann können beide Verfahren nicht mehr korrekt bestimmen, ob a ein quadratisches Residuum modulo p ist. Bei Eulers Kriterium ist dies auch sofort zu erkennen, da die Anzahl der quadratischen Residuen modulo m nicht gleich $\frac{m-1}{2}$ ist. Aber genauso wie Eulers Kriterium kann auch das Jacobi-Symbol mal richtig liegen. Eine ungerade Zahl $m > 2$ ist also genau dann eine Primzahl, wenn für alle a mit $1 < a < m, a \perp m$ gilt das $\mathcal{J}\left(\frac{a}{m}\right) = a^{\frac{m-1}{2}}$ ist.

Ein Monte-Carlo-Algorithmus könnte nun so aussehen, das man sich für den Test auf Primzahligkeit von m einige Vertreter für a mit a grade , $a \perp m$ und $2 < a < m$ zufällig auswählt und den Test dann mit diesen durchführt. Wenn m eine Primzahl ist, wird dieser Algorithmus dann auf jeden Fall richtig liegen. Er könnte sich aber irren, falls m keine Primzahl ist. Die Fehlerwahrscheinlichkeit kann auch bei diesem Algorithmus durch Wiederholung beliebig gering gehalten werden.

5.3.2 Implementierung

Viele Prozeduren, welche wir für den Fermat-Test benötigt haben, sind auch hier wieder vonnöten. Es kommen aber auch einige hinzu.

Das Jacobi-Symbol kann mit folgender Prozedur berechnet werden.

```
(define jacobi-symbol
  (lambda (p q)
    (cond
      [(= p 0) 0]
      [(= p 1) 1]
      [(odd? p) (if (odd? (quotient (* (- (modulo p 16) 1) (- q 1)) 4))
                  (- (jacobi-symbol (modulo q p) p))
                  (jacobi-symbol (modulo q p) p))]
      [else (let ((qq (modulo q 16)))
              (if (odd? (quotient (- (* qq qq) 1) 8))
                (- (jacobi-symbol (/ p 2) q))
                (jacobi-symbol (/ p 2) q)))])))

> (jacobi-symbol 3 13)
1
> (jacobi-symbol 8 13)
-1
```

Nun kann man ganz einfach den Randomisierten Test umsetzen. Eine Prozedur *solovay-strassen-prim?* könnte folgende Definition haben:

```
(define solovay-strassen-prim?
  (lambda (n wdh)
    (letrec
      ([hilf
        (lambda (wdh)
          (let ((testzahl (+ (random (- n 1)) 1)))
            (cond
              [(not (= (ggt testzahl n) 1)) #f ]
              [(= wdh 0) #t ]
              [(= (mod testzahl (/ (- n 1) 2) n)
                  (modulo (jacobi-symbol testzahl n) n)) (hilf (- wdh 1))]
              [else #f ])))])
      (cond
        [(= n 2) #t ]
        [(= (modulo n 2) 0) #f ]
        [else (hilf wdh)]))))
```

```
> (solovay-strassen-prim? 97 3)
#t
> (solovay-strassen-prim? 95 3)
#f
```

Eine Prozedur, die eine Liste möglicher Primzahlen mit einer beliebigen Testprozedur auf Primzahligkeit als Eingabeparameter besitzt, wurde bereits gegeben. Siehe *prob-prim-list*.

6 Literaturverzeichnis

[1] Komplett Skript „Diskrete Mathematik" von Prof. Dr. U. Schnell an der Hochschule Zittau / Görlitz

[2] Unterlagen zur Vorlesung „Algorithmik II" von R. Rüdiger an der FH Braunschweig / Wolfenbüttel

[3] Seminarvortrag „Solovay-Strassen-Test" von Patrick Fittkau an der Christian-Albrechts-Universität zu Kiel

[4] Vorlesungsskript „RANDOMISIERTE ALGORITHMEN" von Thomas Hofmeister an der Universität Dortmund

[5] Buch: „Algorithmen und Komplexität" von Prof. Dr. Christian Wagenknecht

7 Aufgabenteilung

Sebastian Rick	Jörg Wiesner
Abschnitt zu Monte-Carlo-Algorithmen	Alle anderen Abschnitte
Alle Scheme Quelltexte	Alle Java Quelltexte
Erstellung der Präsentation	
Organisation und Durchführung der Übung	
Erstellen der Webseite für die CÜ